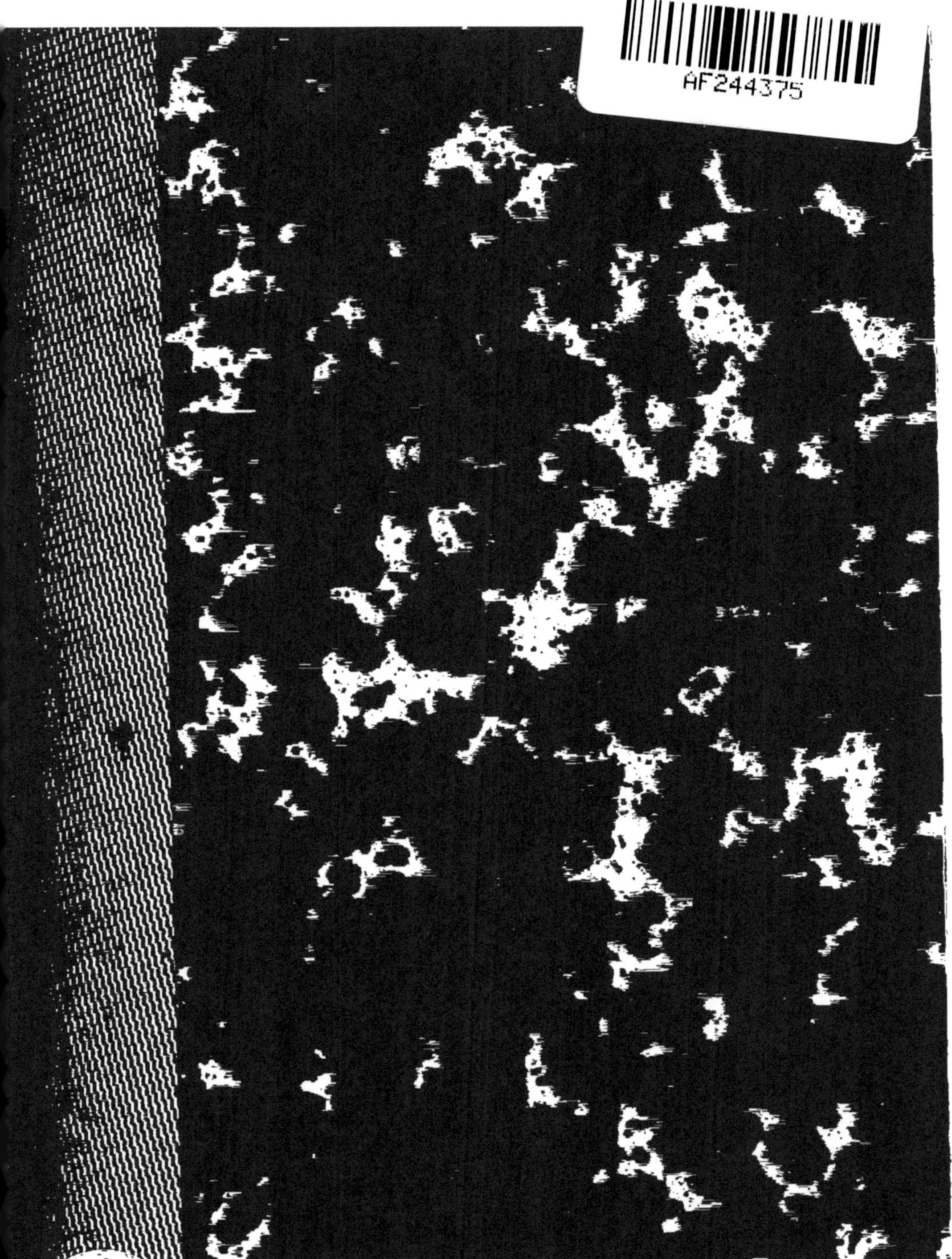
AF244375

LOUIS XVIII,

LA PATRIE,

L'HONNEUR.

LOUIS XVIII,

LA PATRIE,

L'HONNEUR,

OU

LA FRANCE DEPUIS LE MOIS DE MARS JUSQU'AU MOIS DE JUILLET.

> Cromwel allait ravager la terre , la famille
> royale était perdue , Rome même tremblait...
> Un grain de sable l'arrête.... Le voilà mort,
> sa famille abaissée , et le Roi rétabli.
>
> (*Pensées de* PASCAL.)

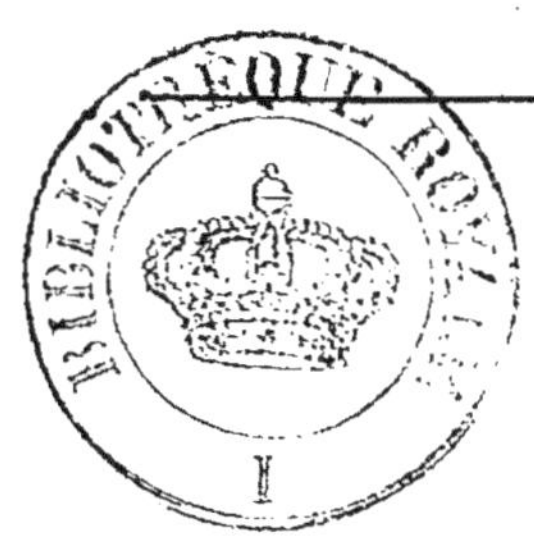

A LYON,

CHEZ CHAMBET, LIBRAIRE, RUE LAFONT.

1815.

De l'Imprimerie de J.-M. BOURSY, rue de la Poulaillerie, n° 19.

CET ouvrage a été commencé et achevé avec les circonstances. Il est possible que quelques endroits n'aient plus
le mérite de l'à-propos, mais aucuns n'ont perdu celui de
la vérité.

LOUIS XVIII,

LA PATRIE,

L'HONNEUR,

ou

La France depuis le mois de Mars jusqu'au mois de Juillet.

APRÈS vingt-cinq ans d'angoisses et de tourmentes, fatiguée de convulsions et de malheurs, la France rendue à ses Seigneurs légitimes respirait enfin ; le commerce refleurissait, l'agriculture renaissait, les arts, ennemis du trouble et du tumulte, reprenaient leurs antiques droits , tout annonçait que le siècle des orages était passé ; une Charte constitutionnelle, à laquelle avaient aplaudi les Français de tous les rangs, de toutes les conditions, assurait les droits du peuple, et tempérait l'abus d'un pouvoir illimité; les intérêts de la nation avaient cessé d'être en opposition avec ceux du Roi ; grâces au progrès des lumières, et plus

encore à la sagesse du Monarque qui nous gou-
vernait, nous ne craignions plus de voir revi-
vre ces temps où nous étions le jouet de la
sottise d'un ministre ou de l'ambition d'un
prélat ; Louis XVIII règnait déjà par ses bien-
faits et ses vertus; l'espérance, ajoutant à notre
bonheur, le redoublait encore par la perspec-
tive d'un avenir dont nous jouissions d'avance:
cette espérance ne serait-elle qu'une chimère?...
cet avenir, qu'une illusion ? Sommes - nous
condamnés à courber de nouveau la tête sous
l'esclavage et le despotisme? A ces présages si
doux, fruits d'un règne plus doux encore, ont
succédé tout-à-coup des présages affreux. Cet
homme qui, si long-temps, fit peser sur la
France son sceptre de fer, viendrait nous dicter des lois!... « Français! soyez fidèles à
» Louis XVIII comme vous me l'avez été à
» moi-même! » Voilà les paroles que Buonaparte nous adressait il y a à peine un an. Vingt
fois dans l'île d'Elbe, où la générosité des
Alliés l'avait relégué, on l'entendit répéter ces
mêmes paroles, et voilà qu'au mépris de ses
sermens, au mépris de l'honneur, il s'avance,
à la tête d'une poignée de soldats pour qui le
repos est un malheur, sur cette même terre
qui l'a rejeté avec indignation. Que vient - il
nous apporter? Des fers, ou la guerre civile.

Ecoutez Buonaparte : « Français, j'ai entendu
» vos plaintes et vos vœux ; vous accusiez mon
» long sommeil, j'accours à vos cris ! » Nos
plaintes ? Chaque jour nous bénissions le ciel
de nous avoir soustraits à tes lois tyranniques.
Quoi ! n'as-tu pas entendu ces cris d'allégresse,
ces transports unanimes dont ta chute fit retentir la France et le monde entier ? Nos vœux ?
Nous n'en formions que pour la prospérité de
cette patrie que tu as si long-temps désolée.
Si nous fatiguions l'Eternel de nos prières,
c'était pour qu'il daignât nous conserver ce
Roi rendu, après tant d'orages, à notre amour.
Nous accusions ton long sommeil ? Et qui de
nous l'accusait ce sommeil ? Est-ce cette mère
qui, sans effroi, voyait croître son fils, bien sûre
que tes satellites barbares ne l'arracheraient
plus de ses bras ? Est-ce ce vieillard infirme
dont tu faisais égorger l'enfant sur le champ
de bataille ? Qui donc accusait ton sommeil ?
Est-ce ce laboureur qui cultivait en paix ses
champs et ne craignait plus que le prix de ses
sueurs n'allât engraisser quelqu'un de tes Tigel-
lins ? Est-ce ce négociant dont tu dévoras la
fortune ? Jette un moment les regards sur nos
ateliers, nos fabriques, nos manufactures ?
Anéanties lorsque tu régnais, elles se sont
relevées en un moment ; le premier bienfait de

ta chute , c'est l'abondance et la prospérité publiques. Le pauvre et le riche te rejettent également. Qui donc accusait ton long sommeil? Quelques individus, enfans du crime, malheureux de la félicité de leurs semblables, pour qui le désordre, le pillage, les guerres civiles ont toujours été un besoin. Voilà tes amis , voilà ceux qui n'ont cessé d'accuser ton sommeil.

Mais que veut Buonaparte ? « Je viens, nous » crie-t-il, vous apporter le bonheur. » Ainsi la conscription va désormais, par coupes réglées, moissonner périodiquement trois cent mille hommes; le sang qui avait cessé de couler, sera répandu à grands flots; la religion, si bien nommée par un écrivain éloquent, la santé des Empires, bafouée, avilie, sera de nouveau livrée aux sarcasmes et à l'insulte, ses prêtres plongés dans les cachots. Le mousquet, le compas et le tambour formeront encore l'éducation du paysan et du citadin. Une police inquisitoriale épiera nos actions, interprètera nos gestes; un mot, un signe suffira pour nous jeter dans les fers. Une liberté tempérée par cent mille baïonnettes et deux cents pièces de canon protégera nos biens, nos personnes, nos enfans. Au dedans, les guerres domestiques; au dehors, les ennemis qui tôt ou tard nous accableront, nous détruiront, nous incendieront :

par-tout le deuil , la misère, l'inquiétude, les larmes.....

A Buonaparte, qui nous promet le bonheur, ma réponse sera celle de tout homme de bon sens : C'est toi qui le dis , donc cela est faux ; et la conclusion est vraie. Qui ne sait que toute sa vie Buonaparte fit un trafic honteux du mensonge et de la fourbe ? l'imposture est sur ses lèvres, sur son visage, dans son cœur. N'avait-il pas juré solennellement de remettre les Bourbons sur le trône ? En 1809, en 1810, ne donnait-il pas sa parole impériale de laisser à jamais tranquilles les conscrits de ces classes? à quinze mois de là, oubliant ses promesses, il les faisait traîner au champ de bataille, comme les troupeaux à la boucherie. La Normandie pleure encore ce chef généreux , qui , sur la foi de Buonaparte, osa se jeter dans les bras de son ennemi. La mort fut le prix de sa noble imprudence. Et nous croirions à Buonaparte , nous apportant le bonheur ? Oublie-t-on que Toussaint Louverture , enlevé par trahison en Amérique , fut étranglé en Europe par ses ordres ? Et ce jeune héros, d'Enghien , dont le corps sanglant lui servit de marchepied pour monter au trône ! ne viola-t-il pas , pour voir couler son sang, et la justice, et la sainteté des sermens, et la religion et l'humanité? Pichegru!

Georges! qui dira jamais les moyens sacrilèges, les calomnies infames qu'inventa, pour vous immoler, l'ame feroce de Buonaparte? N'avons-nous pas vu un Pontife vénérable , digne héritier des vertus de Pie VI, traverser les Alpes, au milieu des neiges et des frimats, pour venir poser la couronne sur la tête coupable du meurtrier de d'Enghien : à peine a-t-il eu le temps de pleurer sa faute , que Buonaparte s'empare de ses états, et, pour prix de son dé-voûment , le fait charger de chaînes et jeter dans les cachots. L'Europe entière frémit encore au seul nom de cette guerre impie dont l'Espagne fut le théâtre. Des rives de la Seine à celles de la Beresina, des bords du Danube aux bords du Nil, tous les peuples ont consacré dans leurs fastes cet attentat politique , inouï chez les peuples barbares. Et nous pourrions un seul moment être la dupe de cet homme qui s'avance, précédé de vingt ans de crimes , de perfidies et d'impostures ? Souvenez-vous , Français, qu'hier encore il vous recommandoit d'être fidèles à Louis XVIII !

Oui, nous serons fidèles au Roi, à l'honneur, à la patrie. Au Roi, il a reçu nos sermens : nos quais, nos places publiques, nos théâtres , nos maisons ont retenti des cris de notre fidélité ; nous jurâmes de mourir pour lui. Nous serons fidèles à l'honneur : et l'honneur est-il autre chose que l'amour de son Dieu, de son pays, de son Roi ? Nous serons fidèles à la patrie : et quand jamais réclama-t-elle plus impérieusement l'harmonie des devoirs, des sentimens, l'oubli des haines, le sacrifice de toute vengeance? Français, songez-y bien, tout est perdu si Buonaparte remonte sur le trône : nos pays seront de nouveau la conquête des ennemis, nos villages ravagés, nos maisons incendiées, nos fortunes enlevées, nous-mêmes peut-être sujets d'une domination étrangère. Quand l'Europe entière, lasse d'être le jouet des folies d'un seul homme, courut aux armes, se croisa pour rendre à la France le bonheur qu'elle semblait avoir perdu pour toujours, ses rois qu'elle ne cessait de pleurer, l'Europe jugea avec raison que le Français n'était qu'égaré ; elle pensa sagement, que les crimes d'un despote ambitieux ne devaient point être imputés à la nation elle-même, que la honte et le châtiment ne devaient retomber que sur la tête du coupable. L'Europe ne se trompa point, nos cris de joie, nos transports, les témoignages répétés de notre reconnaissance, lui prouvèrent assez qu'elle avait bien jugé le cœur du Français que les enchantemens de la gloire avaient enivré un moment. Sans doute, il est permis de croire que notre délivrance seule ne fut pas le but de cette ligue sacrée. Les Souverains alliés, insultés dans nos bulletins à la face de l'univers, avaient à venger leur dignité royale : la chute de Buonaparte pouvait seule assurer le repos de leurs sujets, stabiliter leurs trônes, toujours incertains et chancelans, faire respecter enfin des droits que Dieu même avait établis, et dont un Corse osait se jouer publiquement. Buonaparte fut puni et l'Europe sauvée.

Mais si, trahissant nos devoirs et nos sermens, si, par une lâcheté impardonnable, nous souffrions que cet homme qui, naguères, se faisait un jeu de trafiquer des couronnes, de vendre les royaumes, de fatiguer l'humanité, osât insolemment nous dicter des lois, que répondrions-nous à l'Europe, qui, se précipitant sur la France nous adresserait ces mots : « Louis XVI faisait le bonheur de ses sujets : » pour prix de ses bienfaits vous l'avez mis à » mort. Tourmentés, vexés, torturés pendant » vingt-cinq ans, vous appeliez à grands cris » le jour où l'Eternel daignerait mettre un » terme à vos longues souffrances : les nations » étrangères ont couru aux armes et vous êtes » délivrés. Votre Roi légitime vous est rendu, » vous vous jetez à ses pieds, vous lui jurez

» une fidélité inviolable : et vous le trahissez
» un moment après. Vous vous vantez d'avoir
» reçu en partage toutes les qualités, toutes les
» vertus : et la plus belle des qualités, un cœur
» fidèle, et la plus belle des vertus, l'amour
» de son roi, vous ne les connaissez pas. Eh
» bien, vous cesserez d'être Français : à notre
» tour nous vous donnerons des lois; nous vous
» enseignerons à chérir vos princes. » Que répondrions-nous, Français, je vous le demande?
Le silence serait notre seule justification.

Il n'est pas loin, peut-être, l'instant où les
nations armées nous tiendront ce langage. Les
puissances alliées n'ont qu'un pas à faire, et
la France est envahie. Les Anglais couvrent
la Belgique ; Hambourg, le Holstein sont
inondés de bataillons russes. Les Prussiens
occupent Mayence, Mézières, et garnissent les
bords du Rhin. Plus de cent mille Autrichiens
remplissent l'Italie. L'Espagne brûle de venger
l'incendie de ses plus belles provinces. La Sar-
daigne est appelée aux armes. Nos forteresses,
nos places de guerre sont sans défense : résis-
terions-nous?

J'entends répéter par-tout, que Buonaparte
en quittant l'île d'Elbe a compté sur quelque
grande puissance, ses amis ne cessent de dé-
biter, de colporter cette absurdité. Et quelle

puissance pourroit aider Buonaparte dans ses odieux desseins ? L'Angleterre ? Il n'eut jamais de plus cruelle ennemie que cette nation. C'est au prince régent, après Dieu, que Louis XVIII doit sa couronne ; c'est à la Grande-Bretagne que nous sommes redevables de la paix et du bonheur. La Russie ? Alexandre pourrait-il oublier l'embrasement de Smolensk , de la ville sainte et de plus de quatre mille villages russes ? Pourrait-il oublier qu'il jura solennellement à Paris de ne plus traiter avec Napoléon Buonaparte ? La Prusse ? Frédéric pleure encore cette épouse aussi vertueuse que belle , dont nos bulletins outrageans causèrent la mort. Les Prussiens se rappelleront éternellement comment nous les traitâmes en 1812. L'Allemagne ? François est sur le point de faire poser sur sa tête la couronne de fer que Buonaparte porta pendant huit ans. Stadion et Metternich , si connus par la haine qu'ils ont vouée à Buonaparte, jouissent de toute la confiance de leur maître. D'ailleurs , qui pourrait penser qu'au moment où le congrès est sur le point de se dénouer heureusement , trompant les monarques alliés, l'empereur d'Autriche appelât sur ses états le nord tout entier , et, par la plus sacrilège conduite, osât soutenir les prétentions d'un homme qui contrarie sa politique, et qui,

tôt ou tard, arracherait de ses mains le sceptre
d'Italie? Bavarois, Saxons, Wurtembergeois,
tous se réuniraient de nouveau pour accabler
l'ennemi de leur patrie, l'ennemi du genre humain. Que reste-t-il donc à Buonaparte? Naples
et Murat. Mais Murat ne règne que précairement
sur un trône mal assuré : s'il abandonnait
ses états, il perdrait infailliblement la couronne. Naples fourmille de vieux serviteurs
de Ferdinand, de gens dévoués à ce prince,
qui n'attendent que le moment favorable pour
se déclarer. D'ailleurs, s'il est prouvé que Buonaparte ne puisse s'aider de l'alliance d'aucune
de ces trois grandes puissances, l'Autriche, la
Prusse ou la Russie, il est clair, pour quiconque
raisonne, que Murat, qui n'a d'autres droits
que la protection simulée d'un de ces grands
empires, n'ira pas témérairement s'engager
dans une entreprise qui le déshonorerait et lui
coûterait la couronne.

Je vais plus loin. Supposons que Louis, trahi
par ses amis, abandonné de ceux mêmes qu'il
combla de bienfaits, puni par le Ciel de son
amour pour les Français, n'ayant encore connu,
du pouvoir suprême, que la douleur et l'infor-
tune, soit obligé d'aller s'exiler sur une terre
étrangère ; que l'Europe voie tranquillement
se consommer cet attentat aux droits sacrés de

la royauté, qu'elle souffre que le fils d'un huis-
sier d'Ajaccio aille s'asseoir sur le trône des
Robert, des Charlemagne, des François ; qu'un
soldat parvenu, un héros de fortune vienne
arracher le diadème du front d'un monarque
que les peuples à l'envi ont salué du nom de
Sage, pour en décorer son front qui sue le
crime: pense-t-on qu'à ce prix-là nous puissions
acheter la paix et le repos ? Etrange erreur !
Voyez Marseille, Bordeaux, Toulouse, le midi
en feu voler aux armes ; les guerriers de la
Bretagne, de la Normandie jurer de mourir
pour leur Roi ; grossis bientôt par cette multitude de Français fidèles à l'honneur, que le
devoir, l'opinion, la haine du tyran appelleront
de toutes parts, ils marcheront... et l'on verra
renaître les Stofflet, les Charrette, les Beau-
champ, les Jacquelin. Que fera Buonaparte ? Il
appellera aux armes la France entière, chaque
homme deviendra soldat, chaque soldat répon-
dra sur sa tête du salut du tyran ; il nous faudra
aller combattre nos amis, nos frères, nos
enfans peut-être, faire couler leur sang, verser
le nôtre pour un étranger, et quel étranger ?
un Corse !

Ah ! si jamais Buonaparte parvient à asseoir
son trône sur le corps de nos frères, sur les
débris de nos villes incendiées, s'il peut régner

encore au milieu des tombeaux , vous le verrez
alors compter ses jours par les proscriptions
et le carnage. Eh ! qu'on ne dise pas que l'adversité aura changé son cœur. L'adversité n'est
que pour les grandes ames , et Buonaparte est
un faux grand homme. Lorsque Sylla s'empara
de Rome , il parut un moment oublier ses ennemis : pour toute vengeance , il se contenta
de vendre les biens des partisans de Marius ;
mais , enhardi par le silence de tout ce qui
l'environnait , et plus encore par les applaudissemens de ses coupables amis , il jette le
masque et remplit Rome et l'Italie de ses fu-
reurs sanguinaires. La conduite de Sylla sera
celle de Buonaparte. Jamais hommes ne se
ressemblèrent davantage de physionomie ni
de caractère. Nés l'un et l'autre dans l'obs-
curité , ils ne durent qu'à eux-mêmes leur
grandeur et leur fortune. Elevé au milieu des
camps, Buonaparte, ainsi que Sylla, en a toute
la rudesse et la sauvagerie : accoutumé à voir
couler le sang, le répandre est pour lui un
besoin. L'astuce , la mauvaise foi, la perfidie
formaient les traits caractéristiques de Sylla :
s'il bat Marius , c'est qu'à force d'argent il a
corrompu ses soldats ; s'il s'empare de Rome ,
c'est la trahison qui lui en a ouvert les portes.
Buonaparte n'a dû ses plus brillans succès qu'à

de pareils moyens : c'est ainsi qu'il s'empara d'Ulm, et gagna la bataille de Marengo. Cette cruauté froide qui se peignait sur le visage de Sylla, est dans le cœur de Buonaparte. « Ne tremblez pas, disait Sylla aux Sénateurs que la mort de 7000 prisonniers, immolés par les ordres de ce général, frappait d'étonnement; vous en verrez bien d'autres. » Le plus beau des spectacles pour l'ame de Buonaparte était un champ de bataille couvert de morts et de mourans : que cela est beau, disait-il avec un ris infernal ! N'ayant plus de sang à verser, fatigué du bonheur de ses semblables, Sylla publiait à Rome des ordonnances qu'il violait sans ménagement, et qu'il faisait observer aux autres par le fer et le feu. Ne pouvant troubler le monde, Buonaparte invente à Paris des lois et des décrets contradictoires. Enfin, ce qui achève la ressemblance, c'est que ne croyant ni l'un ni l'autre à la divinité, ils croyaient pourtant aux devins, aux astrologues et aux songes. Deux jours avant de mourir, Sylla écrivait dans ses mémoires qu'il venait d'être averti pendant son sommeil qu'il irait bientôt rejoindre son épouse Métella : Buonaparte ne se mettait jamais en campagne sans consulter quelque bohémienne. Mais Sylla du moins mourut en grand homme : on ne le vit point, après s'être dépouillé du pouvoir suprême , mendier la dictature. Plus coupable que Sylla , Buonaparte , après avoir abdiqué aux yeux du monde entier un trône usurpé , s'avance les armes à la main pour reconquérir sa couronne ; et donner des fers aux Français. L'insensé ne voit pas qu'il n'est que l'instrument aveugle d'une Providence qui le précipite dans l'abîme. Celui qui a dit aux flots de la mer : vous vous arrêterez-là , saura bien mettre un frein aux criminels projets d'un mortel : l'Eternel accusé va se justifier.

Abstulit hunc tandem Rufini pœna tumultum ,
Absolvitque Deos.

Voulez-vous connaître l'ame toute entière de Buonaparte , lisez ses proclamations à l'armée et au peuple : n'est-ce pas le style d'un enfant de la révolution ? On se croit transporté dans ces temps d'horreur , où le crime avait des autels , où la *liberté* avait ses ministres et son culte , où l'*égalité* était à l'ordre du jour. A ces proclamations, dont le style est aussi peu français que la pensée, comparez les proclamations sublimes que le petit – fils de Henri IV nous adressait il y a à peine un an. Le testament de son frère à la main , Louis XVIII s'avance , répétant ces paroles sacrées : « Je pardonne de tout mon cœur à ceux qui se sont faits mes

2 *

ennemis, sans que je leur en aie donné aucun sujet, et je prie Dieu de leur pardonner. » Buonaparte rentre en France, et toujours tourmenté de la soif des batailles, il ne parle que de victoires. Il montre aux Français les champs de Marengo, d'Austerlitz, de Wagram, de Friedland, de Craone, de Rheims, d'Arcis, de Saint-Dizier ; Moscou seul et Leipsick sont oubliés. Grand Dieu ! et la France indignée ne repousserait pas celui qui n'a d'autres titres à notre amour, d'autres droits à la couronne que la mort de cinq millions de nos frères !!.... Quoi, l'assassin de d'Enghien, de Pichegru, de Toussaint Louverture, appellerait encore la France au spectacle de ses orgies impériales !... Il viendrait se mêler de nos affaires, cet étranger dont nous lacérâmes les images, brisâmes les statues, que Marseille traîna dans la boue, qu'Orgon fusilla en effigie ; auquel la France entière prodigua l'insulte sur la sellette de l'infamie ! Glorieux de ses crimes et de ses forfaits, fier de nos malédictions et de nos outrages, Buonaparte viendroit encore prendre des attitudes royales de Talma, dévorer nos biens, nos enfans, nous précipiter dans des guerres sacriléges !....

Non, je ne puis me persuader que j'écrive sur les ruines de ma patrie ! non, je ne croirai jamais que l'Eternel abandonne aux mains d'un étranger la dépouille de nos Rois ! Le patrimoine antique de cette famille qui depuis dix siècles règne sur les Français par ses bien-faits, ne sera pas la proie d'un Corse. La cause des Bourbons est la cause de la divinité même. A peine Buonaparte a-t-il souillé le sol Fran-çais, que la religion se voit tout-à-coup enve-loppée d'outrages : ses ministres sont livrés à l'insulte et à l'ignominie. Le tyran a entendu les cris féroces de cette multitude qui ne res-pecte pas même, dans ses blasphêmes, ce qu'il y a de plus auguste et de plus sacré. Un mot pourrait arrêter ce désordre : ne craignez pas qu'il le prononce. Eh ! qu'espéreriez-vous d'un homme qui n'a d'autre religion que l'athéisme, d'autre espérance que le néant ? n'a-t-il pas renié la foi de ses pères ? N'est-ce pas lui qui, coiffé du turban de Mahomet, adorait en Egypte le Prophète, le Coran à la main, humiliait sa tête, et presque en même temps faisait chanter des *Te Deum* à Paris, et suppliait Lalande de l'inscrire dans son livre des hommes sans Dieu ? Insensés, nous nous prosternerions devant ce héros athée ? Nous prodiguerions à cet homme criminel des hommages réservés à la vertu seule ? nous trahirions Louis pour Buonaparte ? Louis, qui, au milieu de l'exil, sur une terre étrangère, rêva si long-temps notre bonheur ! Louis, qui nous réconcilia avec les nations étrangères, sècha nos pleurs, tarit la source de nos misères. Non, non, Louis a reçu nos sermens, nous lui serons fidèles!!...

Hélas! quand je traçais ces lignes j'étais loin de penser que la France offrirait bientôt aux peuples de l'Europe le spectacle étrange d'une nation qui vole d'elle-même à l'esclavage, qui libre à peine des chaînes sous le poids desquelles elle gémissait depuis vingt ans, demande de nouveau des fers. La patrie des Bayard, des Duguesclin, des Lesdiguières, n'est plus la patrie des Chevaliers *sans peur et sans reproche.* Grenoble vient d'ouvrir ses portes à Buonaparte. Imitant l'exemple des habitans de cette ville coupable, les Lyonnais à leur tour ont oublié que dix mois s'étaient à peine écoulés depuis que, sur le tombeau des martyrs de la royauté, ils avaient renouvelé le serment que leurs pères avaient scellé de leur sang! Louis abandonne sa capitale. Les larmes aux yeux, il s'arrache des bras de ses fidèles Parisiens. En vain ils lui ont juré de verser jusqu'à la dernière goutte de leur sang pour défendre son trône et sa personne. Dévoûment inutile au milieu des traîtres qui entourent le monarque ! Paris est condamné à revoir cet homme dont la présence seule glace d'effroi. Semblables à cet oiseau de sinistre augure, dont le jour blesse les yeux, Buonaparte s'enveloppe des ténèbres : c'est au milieu des ombres de la nuit qu'il envahit la capitale : on dirait qu'il craint que la lumière n'éclaire un si grand attentat. Avec quel soin il s'empresse de se dérober à tous les regards ! Louis XVIII n'en mettait pas davantage à se montrer au peuple. En vain quelques malheureux, soldés d'avance par les coupables amis de l'usurpateur , font retentir les airs des cris de *vive Napoléon !* enfoncé dans l'appartement le plus retiré des Tuileries, le tyran tremble que ce ne soit un piége. Il craindrait d'ailleurs de lire sur leur front qui déguise mal l'indigation, sa honte et sa sentence.

On tenterait vainement de décrire ici l'épouvante, la consternation qui régnèrent la nuit du 19 au 20 mars. Tacite seul aurait pu en peindre la lugubre horreur. Les rues de la capitale furent en un moment remplies d'une foule de personnes qui se demandaient avec anxiété s'il était vrai que Buonaparte eût mis le pied dans les Tuileries. On recueillait avec effroi les réponses ; on les comparait ensemble, on saisissait avec empressement la moindre différence qui pouvait exister sur l'heure et le moment indiqué, tant on aimait à se tromper soi-même ! tant on redoutait de revoir celui qui si long-temps plongea la France dans le deuil et les larmes ! Malheureusement ces doutes d'une espérance facile à être déçue, cette incertitude qu'on se plaisait à créer, n'étaient pas de longue durée. La crainte leur succédait bientôt aux cris de *vive l'Empereur*, que faisaient entendre par intervalles quelques soldats qui parcouraient les rues... On se taisait ; parfois cependant le nom de Louis s'échappait de quelques bouches : les applaudissemens couvraient alors ce nom sacré : on le répètait tout haut. Il semblait que ce nom fît trêve à la douleur commune.

On se demanda bientôt comment cet homme si habile à colorer le crime, si savant dans l'art de justifier le parjure, s'y prendrait pour déguiser cet attentat aux droits politiques des nations, aux lois sacrées de l'honneur et de la justice. On ne s'attendait guère que la souveraineté du peuple imaginée au milieu des rochers de l'île d'Elbe, publiée dans les journaux, proclamée dans des adresses bassement soudoyées, pût absoudre Buonaparte. C'est à l'aide d'une maxime aussi fausse que dangereuse, que le bon sens, l'expérience éternelle des siècles rejettent avec indignation, qui n'eût jamais pour apôtres et défenseurs que des

Cromwel, des Robespierre, des Marat, que Napoléon assaye de se disculper aux yeux de l'Europe indignée. Il ne s'aperçut pas que cette doctrine affreuse qui tout au plus pouvait le réconcilier avec les assassins de LOUIS XVI, ramènerait à ses côtés les prédicateurs de la liberté et de l'égalité, l'éloignait à jamais du cœur des gens de bien, et mettait une barrière de fer entre lui et les souverains de l'Europe qu'il avait tant d'intérêt à ménager. Cela est si vrai, que le manifeste des Puissances Alliées, et sur-tout la déclaration de guerre du Roi de Prusse, semblent n'être fondés que sur cet axiôme politique, que le peuple est fait pour le trône, et que déclarer la souveraineté universelle c'est porter atteinte aux droits les plus sacrés des monarques. Quand l'Angleterre, dans l'ivresse du délire, osa porter la main sur la personne de Charles II, il se trouva un homme assez hardi pour oser prendre la défense de ce peuple régicide. L'Europe entière crut qu'il était de son devoir de s'armer contre cette doctrine sacrilége. Une foule d'écrivains et de savans de divers pays, de diverses religions prirent aussitôt la plume pour réfuter les sophismes de Milton. La France se distingua dans cette discussion polémique. Un critique dont le nom seul, après deux siècles, est encore parmi nous un éloge , Saumaise descendit le premier dans l'arène, pulvérisa les raisonnemens captieux de l'auteur anglais, et vengea à-la-fois la religion et la majesté royale. Parmi les morceaux plus ou moins éloquens de cette réfutation aujourd'hui trop peu connue , j'aime à citer le paragraphe suivant , aussi fort de logique que de style.

« La personne des Rois est sacrée et inviolable : ils sont sur la terre les représentans de la divinité, c'est d'elle seule qu'ils sont justiciables : proclamer que le peuple peut à son gré les faire descendre du trône pour juger leur conduite, c'est proclamer la souveraineté universelle ; c'est établir que le trône est fait pour le peuple : doctrine impie que la voix de tous les siècles réfute solennellement, que nos livres sacrés confondaient il y a plus de deux mille ans ! Quoi ! la souveraineté ne serait plus qu'un fief mouvant, dont le peuple aurait la faculté de rachat, ou la charge de révision ! Eh ! ne voyez-vous pas que vous livrez par-là la société à toutes les convulsions de l'anarchie, à tous les déchiremens des factions ! vous brisez tous les freins de l'obéissance, vous ouvrez la porte aux crimes, vous ruinez les fondemens de la tranquillité publique en attribuant aux sujets le droit d'examiner la conduite de leurs maîtres. Livrez un peuple à la merci des professeurs en politique ; ordonnez-lui de ne se point déterminer par la voie de l'autorité , mais seulement par les lumières de l'examen, et l'univers entier sera en proie aux guerres civiles. Un historien éloquent, Tacite a dit qu'il était des vertus sujettes à être confondues avec le vice : l'épargne a les couleurs de l'avarice : la libéralité , celles de la prodigalité ; la sévérité semble tenir de la cruauté ; la modération, de la pusillanimité ; ce qui vous paraît à vous un acte de vertu, peut passer pour un crime dans l'esprit de votre ami. Si donc la sûreté de la puissance souveraine dépendait de la légéreté du peuple, y aurait-il au monde rien de plus malheureux , de plus incertain que la condition d'un prince ? Examinez sans passion ce dogme qui abandonne le magistrat à la volonté et au caprice des peuples : calculez ses conséquences, et au lieu d'une obéissance fidelle , vous ne verrez que troubles et séditions ; au lieu de la paix et de la tranquillité intérieure, par-tout la dissention et la discorde.» Ces lignes que Saumaise traçait en 1650, pourraient servir de préface à l'histoire de notre révolution, et à l'histoire de toutes les révolutions où le peuple a figuré comme acteur. Il appartenait à Buonaparte d'essayer de rajeunir une doctrine qui a fait couler des torrens de sang.

Un des secrets de Napoléon est de se jouer des hommes : c'est pour lui un besoin de les tromper. Lorsqu'il revint de son pélerinage militaire d'Egypte, d'un bout de la France à l'autre, les républicains accouraient à sa rencontre ; ils se pressaient autour de son char, se prosternaient devant le héros, le chantaient en vers et en prose. Ils se persuadaient, dans leur sainte crédulité, que cet homme était envoyé de Dieu pour sauver du naufrage l'arche de la république, relever les autels de l'égalité, et faire de nouveau briller le soleil de la liberté. On ne saurait peindre l'étonnement des figurans de 93, lorsqu'au lieu de la toge de Brutus, dont ils prétendaient affubler Buonaparte, ils le virent revêtir la pourpre impériale, et au lieu du bonnet rouge dont ils voulaient coiffer sa tête, orner son front du bandeau des Césars. Dès-lors ils vouèrent à Buonaparte une haine implacable, et l'histoire ne manquera pas, sans doute, de remarquer qu'ils furent les premiers à applaudir, en 1814, à la chute du tyran. Enfin, Louis XVIII remonta sur le trône de ses pères, l'homme de bien respira, la religion reprit ses droits, la conscience tourmentée chercha, pour la première fois, le repos. Quelques souvenirs réveillés indiscrètement, jetèrent bientôt l'effroi dans l'ame des républicains : ils

songèrent, pour s'en délivrer, à rappeler Buonaparte, persuadés que la reconnaissance lui
ferait un devoir de suivre aveuglément leurs
volontés. Avec quelle impatience ils attendaient
cette nouvelle constitution, si solennellement
promise par le héros : ils pensaient y voir con-
sacrées la liberté et l'égalité. Tout conspirait à
les flatter de cet espoir, et les choix des nouveaux ministres de Napoléon, que la révolution
citait avec orgueil comme ses plus ardens
défenseurs, et le rappel d'un frère dont nos
clubs révolutionnaires admirèrent long-temps
la fougueuse éloquence, et ces dehors popu-
laires qu'affecta d'abord Napoléon. Enfin, elle
fut proclamée cette constitution si impatiem-
ment désirée ! mais au lieu de ces principes
libéraux, qu'ils publiaient d'avance, les ja-
cobins et la France entière n'y lurent que le
despotisme et la tyrannie ! Buonaparte avait
juré de détruire ce qu'il appelait la féodalité des
richesses, et le peuple français est obligé de
choisir, d'après un article de l'acte additionnel,
ses représentans dans une classe privilégiée :
Buonaparte avait promis de niveler les conditions et les états, et l'acte additionnel établit
de nouvelles familles patriciennes, et crée une
noblesse héréditaire ! Les Pairs sont illimités ;

ainsi, pour peu qu'il prenne envie à Napoléon, la France bientôt ne sera composée que de ducs et de comtes. Rien ne peut exprimer l'indignation que manifestèrent alors les républicains. Un d'eux, dans une adresse à Buonaparte, osa lui reprocher de les avoir trompés : « Napoléon, les traîtres t'environnent ; tu as » écouté leurs suggestions perfides, ta perte » est inévitable. » C'est Dubroca qui signait ces lignes le 2o mai dernier.

Et c'est une pareille constitution que Buonaparte a l'impudeur de proposer au peuple français ! Etrange abus de la mauvaise foi qui se ment à elle-même, et n'en impose qu'aux ignorans, c'est par des registres qu'il veut légitimer son gouvernement. A Alger ou à Tunis le soldat qui a chassé son maître du trône, se fait reconnaître en faisant sauter la tête des amis du monarque. Le peuple tremblant se jette à ses genoux, courbe la tête, adore ce nouveau chef, et voilà une nouvelle dynastie. La méthode du soldat d'Alger a du moins l'avantage de la promptitude. La méthode imaginée par Buonaparte, aussi longue que peu sûre, est absurde dans ses principes, autant que ridicule dans ses résultats. Quoi ! parce qu'il plaira à deux ou trois millions de gens vendus à l'usurpateur, de proclamer ses droits à la

couronne, je serai forcé à mon tour d'obéir à
ses lois ! Il me faudra jurer fidélité aux cons-
titutions de l'empire, parce que quelques mil-
liers de soldats parjures, d'acquéreurs de biens
nationaux, de Français infidèles à leur Dieu et
à leur roi, ont trouvé bon de prostituer leurs
signatures en faveur de celui qu'ils appelaient
de tous leurs vœux ? Et d'ailleurs, qui me ré-
pondra de l'exactide de cette opération arith-
métique. Ne sait-on pas qu'on fit élever à la
Convention jusqu'à quarante mille les votes
régicides de Lyon, tandis qu'ils s'élevaient à
peine à quelques cents. Encore, si nous igno-
rions les petits moyens employés en pareille
circonstance et qu'on n'a pas manqué, on le
pense bien, de renouveler aujourd'hui. A Paris,
on a fait voter les domestiques, les femmes,
les enfans ; des officiers ont signé pour leurs
soldats qui ne savaient point écrire. On a vu
sur des registres un grand nombre de *croix*,
que le gouvernement aura sans doute addi-
tionnées comme votes affirmatifs. Dans quelques
communes on vous sommait de venir volon-
tairement à la municipalité signer la nouvelle
constitution. Les Curés étaient obligés de le
recommander à leurs paroissiens comme un
acte religieux : s'ils refusaient, le Maire montait
en chaire, faisait le panégyrique de Napoléon,

et finissait par engager les paysans, au nom, des lois, à se présenter dans la huitaine à son bureau pour y déposer leurs votes. Le lendemain, la paroisse entière se rendait processionnellement chez l'adjoint et signait pieusement. Dans les villes, on s'y prenait d'une autre manière. De pompeuses affiches analysaient, sur deux colonnes éloquentes, les grands avantages que cet acte additionnel assurait aux Français ; puis le tambour parcourait les rues, et invitait les citoyens à se rendre au plus vîte chez les notaires désignés. S'il ne se présentait personne, comme cela est arrivé dans plusieurs grandes villes, on savait bien, bon gré, mal gré, remplir les registres. Dans un moment, ils se grossissaient de la signature de tous les commis de bureau, gens en place, agens, commissaires, qui se hâtaient d'adhérer à la constitution proposée, dans la crainte de perdre aussitôt leur place et leurs appointemens, comme on les en menaçait. Malgré ces expédiens grossiers, il est étonnant que Buonaparte n'ait pu obtenir que 1,500,000 suffrages ! Distrayez de ce calcul 8 ou 900,000 agens du gouvernement, et vous compterez à peine un demi million de votes affirmatifs. Et voilà ce gouvernement que les partisans de l'usurpateur ne cessaient de représenter comme environné de l'amour de tous les Français ! Les faits parlent ici : le raisonnement est inutile.

Il fait beau voir les amis de l'homme de l'île d'Elbe, blasphémer le règne paternel du meilleur, du plus vertueux des rois, et vanter insolemment la tyrannie du plus parjure, du plus coupable des mortels. Il fait beau les voir proclamer le triomphe des idées libérales, alors que la France muette gémit sous le joug de l'oppression ; chanter la liberté, alors que la pensée même est enchaînée et que la mémoire est condamnée à oublier. Quand Néron inondait Rome de sang, quand Caligula s'écriait avec une joie infernale : Je voudrais que le genre humain n'eût qu'une tête, pour le plaisir de la faire tomber ; des poètes esclaves applaudissaient à ces empereurs, célébraient leur clémence et leurs vertus : et nous, lorsqu'une inquisition politique, dont l'inquisition monacale de Goa ne peut même pas donner l'idée, épie nos actions, interprète notre silence, interroge nos regards, observe jusqu'à nos gestes, nous répétons les refreins de la liberté ! On parle de liberté, et nos prisons et nos cachots et nos caves sont remplis d'une foule de pères de famille, de citoyens honnêtes, dont la vertu est le seul crime ! Ah ! si du moins on instruisait leur procès ! si on daignait les juger ! Et pourquoi voudriez-vous qu'on les traduisît devant les Tribunaux, répondent ces inquisiteurs aux parens, aux amis de ces malheureux? ils n'ont rien fait, ils ne sont point à la hauteur des circonstances : espérez. On s'imagine, peut-être, que des propos indiscrets seuls peuvent ainsi vous faire jeter dans les cachots : on se trompe. Il suffit aujourd'hui pour se voir charger de chaînes de posséder un nom illustre, d'avoir des lumières, de la réputation; c'est ainsi que dans le département de l'Ardêche grand nombre de jeunes avocats, qui promettaient un jour au barreau des sujets distingués, ont été arrachés à leurs nobles occupations, traînés ignominieusement les fers au cou dans les prisons de Grenoble, sans qu'il leur eût été permis de dire adieu à leurs parens, d'embrasser leurs amis. Les gendarmes avaient reçu ordre d'épuiser envers eux l'outrage et l'insulte. On parle de liberté, quand des orateurs fédérés, dont le front n'a jamais rougi que de la vertu, osent proposer de sang froid de rappeler la loi des *suspects*, de faire main-basse sur les riches, d'exterminer les nobles et les prêtres, de surveiller quiconque n'appartient pas à la fédération. Ah ! oui, nous sommes libres, si la liberté consiste à torturer la conscience, à tourmenter la vertu, à protéger le crime, à désoler la patience ! On parle de liberté, quand le gouvernement s'empare arbitrairement de nos biens, de nos enfans, spécule sur nos sueurs, trafique de notre labeur. C'est au nom de la liberté qu'on arrache le fils des bras de sa mère pour le faire servir d'instrument à la fureur d'un despote ! L'âge n'est pas même respecté, le jeune homme imberbe, comme le vieillard décrépit, sont également appelés à mourir. C'est au nom de la liberté qu'on dépeuple nos campagnes, qu'on ruine nos villes, qu'on détruit à-la-fois le commerce, l'agriculture, les arts ; c'est au nom de la liberté que nos temples sont violés, nos sanctuaires profanés ! Sans doute, comme en 1793, nous crierons *vive la liberté* quand on nous pillera, quand la hâche révolutionnaire menacera nos têtes, lorsque nos maisons tomberont sous les marteaux des sacrilèges apôtres du jacobinisme ! On parle de liberté, et jamais eussions - nous prononcé ce mot, si le règne de Louis XVIII ne nous en eût donné l'idée.

Et c'est ce règne si glorieux dans sa brièveté, ce règne qui sera proposé comme modèle par l'histoire aux princes appelés à gouverner les peuples, que vous osez blasphémer ! Et que reprochez-vous à ce roi philosophe, à ce monarque dont l'amour pour ses sujets égale à peine les brillantes qualités? A vous entendre, Louis n'a rien appris, ni rien oublié : vous répétez jusqu'à satiété cette phrase ridicule qui sert d'épigraphe à vos libelles dégoûtans, à vos pamphlets infames et à cette foule de brochures que votre haine enfante chaque jour, et que, ne pouvant rendre dangereuses, vous rendez du moins ennuyeuses. Louis XVIII n'a rien oublié ! Et le sang des meurtriers de son frère n'a point coulé ! et les assassins du Dauphin ont vécu en paix ! et les bourreaux du duc d'Enghien, fiers de leurs crimes, ont levé la tête!... Louis XVIII n'a rien appris ! Et les ventes nationales sont solennellement sanc-tionnées, la liberté des cultes proclamée ; l'église des Catholiques, le temple des Protes-tans, la synagogue des Juifs, sont également protégés... Louis XVIII n'a rien appris ! avant qu'il remonta sur le trône, la France n'était plus qu'une arène sanglante où les peuples venaient se disputer nos dépouilles : le nom de Louis leur a fait tomber les armes des mains, et la France a été réconciliée avec l'Europe. La guerre civile menaçait le repos des citoyens; les opinions, les partis allaient, peut-être, livrer la France aux horreurs de l'anarchie : Louis a pardonné, et nous n'avons plus été qu'une famille de frères. L'agriculture, les arts, le commerce étaient abattus : Louis les a relevés. Des impôts vexatoires ont été abolis, des lois odieuses détruites. Louis XVIII n'a rien appris ! et n'eût-il fait que donner au peuple cette constitution, palladium de ses droits et de sa liberté, il mériterait vos hommages et votre reconnaissance : cette constitution que vous avez été forcé de proclamer, dans un de vos ouvrages, la meilleure constitution qui ait été donné aux Français, depuis que les Français ont été constitués.

J'ai lu, avec attention, un livre que vous vantez beaucoup et où se trouve la pensée de votre cœur. Au lieu de logique, je n'y ai vu que de la déclamation ; des soupçons calomnieux, au lieu de preuves véridiques ; des imputations mensongères, au lieu d'un examen impartial ; le sophisme de la haine, au lieu du calme de la raison ; par-tout la mauvaise foi, l'effronterie, l'impudeur : nulle part l'impartialité de l'historien, la fidélité du narrateur ; on voit percer à chaque page le désespoir d'un homme qui, ne pouvant trouver des torts, s'entortille, se replie en cent façons, s'enfonce dans l'avenir, recule dans le passé, et à la place du mot propre, *il a fait*, *il a dit*, ne marche jamais que par ces mots, *il aurait fait*, *il aurait dit*. Mais vous qui avez le talent de

lire dans l'ame des monarques; qui donc a
pu vous assurer que Louis ait jamais eu l'in-
tention d'annuler les ventes nationales? Je ne
vous oppose point ici la constitution où ces
mêmes ventes sont définitivement maintenues,
vous ne croyez pas à la constitution ; mais,
comment le bon sens ne vous a-t-il pas dit
qu'il était impossible de revenir sur ces ventes?
Ignorez-vous que la plupart des domaines
nationaux ne sont plus en nature; qu'ils ont
été cent fois partagés, divisés, subdivisés,
hypothéqués, licités, vendus, expropriés ; que
les titres en sont égarés, perdus ou n'ont
jamais existé ? Vous avez cru lire dans le
cœur de Louis, et vous n'avez fait qu'interroger votre conscience, qui, par cette accusation, s'est elle-même déclarée coupable. Et
voudriez-vous donner , comme preuves des
intentions futures du Roi, les remords de votre
conscience ? Vous parlez de corvées, de droits
seigneuriaux, de dîmes, de féodalités : mais l'histoire dira un jour que ces droits féodaux, ces
corvées, ces dîmes, dont vous essayez de nous
faire peur, n'ont jamais existé que dans vos
journaux : c'est dans les proclamations de Buonaparte, dans les articles de ces folliculaires à
gage , qu'il faut les chercher : on ne les trouve
pas ailleurs. Il n'est pas jusqu'à l'inquisition

dont vous ne fassiez un moyen pour injurier les Bourbons. Vous criez au fanatisme, à l'ambition sacerdotale ; mais, de grâce, soyez donc d'accord avec vous-mêmes. Cette dernière accusation, à laquelle vous avez l'air de croire, je la trouve combattue victorieusement dans l'ouvrage d'un de vos maîtres, M.r Malte-Brun. Lisez sa prétendue apologie de Louis XVIII, et dites-moi si nous n'avons raison de vous regarder ou comme les plus sots ou comme les plus perfides des accusateurs.

Ah ! s'il est un homme qui n'ait rien appris ni rien oublié, c'est sans doute celui à qui vous avez donné le sobriquet de grand, quand l'Europe entière ne le connaît que sous le nom de tyran. Porté sur les boucliers de quelques soldats rebelles, Buonaparte envahit la France : il a juré dans ses proclamations qu'il ne recherchera ni ce qui a été dit ni ce qui a été écrit..... Quinze jours se sont à peine écoulés, et déjà les prisons ne peuvent suffire à cette foule de citoyens que le despote soupçonneux y entasse : on dénonce, on exile, on incarcère. Ce n'est point assez de commissaires ordinaires qui parcourent les départemens, chargés de faire de l'enthousiasme par les menaces et le châtiment : on a soin de leur adjoindre des commissaires extraordinaires qui ont inspection sur l'intérieur des familles , qui , d'un seul mot, peuvent vous arracher à la liberté , vous détenir trois ou quatre mois, vous proscrire si bon leur semble. Et que voudriez-vous que Buonaparte eût appris ou oublié , puisque l'adversité n'a pu le corriger ? C'est toujours la même jactance, la même soif des conquêtes , la même vanterie. A Lyon , il s'intitule encore roi d'Italie, protecteur de la Confédération du Rhin: ce n'est qu'à Paris que ses amis lui font rayer ces ridicules *etc. etc. etc.* qui accompagnent son titre d'empereur. A la Mure, à deux lieues de Grenoble , un ancien douanier d'Italie lui apporte un aigle d'or en le suppliant de vouloir lui conserver son emploi : vous l'aurez , lui répond avec assurance Buonaparte : vous pouvez y compter. On dirait qu'il est encore dans ses heureux temps où il créait ou déposait à son réveil les princes et les rois. Mais je me trompe quand je dis que Buonaparte n'a rien appris. Il semble que sur les rochers de l'île d'Elbe, il soit devenu plus habile dans l'art de prodiguer le mensonge. De Cannes à Paris il n'avait cessé de répéter que l'Autriche était dans ses intérêts, que l'Angleterre, favorisant son évasion , appuyait ses desseins ; que Marie-Louise et son fils , rendus à la nation Française, seraient couronnés au Champ - de - Mai : et à

peine est il sur le trône que paraît ce manifeste fameux qui le déclare hors des relations
sociales, appelle sur sa tête la vindicte publique.
L'Italie, les bords du Rhin sont inondés de
troupes Allemandes; l'Angleterre vomit chaque
jour de nouveaux bataillons sur le Continent;
il fait conduire dans ses ports ceux de nos
vaisseaux qui ont arboré le drapeau tricolore.
Une nouvelle alliance va bientôt appeler tous
les rois de l'Europe à de nouveaux combats :
Marie-Louise et son fils, l'espoir des amis de
Buonaparte sont encore à Vienne malgré tous
les moyens que le Gouvernement emploie pour
les en arracher, malgré les ruses innocentes
de nos ministres qui tantôt ont fait comman-
der les rations, tantôt ont fait préparer les voi-
tures sur la route que doit traverser l'impéra-
trice. Ces mensonges n'en imposent à personne,
pas même aux amis de l'usurpateur; mais ils
occupent les oisifs, détournent l'attention, ce
sont des mensonges de 24 heures : c'est toujours quelque chose. Le parjure coûte encore
moins à Buonaparte que la fourberie. Ecoutez-
le proclamer la souveraineté du peuple : on
serait presque tenté de croire que c'est un de
ses articles de foi, s'il ne se hâtait lui - même
de nous détromper, en déclarant que tout ce
que le peuple Français a fait sans lui depuis

dix mois est nul et illégitime. Il avait annoncé qu'il travaillait à une nouvelle constitution, et c'est un acte additionnel qu'il nous donne. A chaque heure du jour cet acte additionnel est violé. Les villes sont mises en état de siége : de nouveaux impôts créés, des communes imposées, des familles entières obligées de s'expatrier, des masses de citoyens appelés sous les drapeaux, en contravention aux articles fondamentaux de cette Charte prétendue constitutionnelle. Maintenant, qu'on nous dise ce que Buonaparte a appris ou ce qu'il a oublié. Un capitaine de l'antiquité disait que la science d'un grand homme était de jouer aux sermens comme les enfans jouent aux osselets : à ce prix-là Buonaparte est le premier homme de l'histoire ancienne et moderne.

Mais déjà le signal du carnage est donné. « Les premiers rayons du soleil du 15 Juin ont » vu Napoléon à la tête de ses armées, combattre » les Rois coalisés. C'est à pareil jour que nous » vainquîmes dans les plaines de Marengo. » C'est ainsi qu'un de nos Magistrats débute dans une pompeuse affiche. Nos journaux font déjà fuir épouvanté Wellington, embarquent les Anglais, et, dans une seule ligne, écrasent en masse les Prussiens. Nos spectacles retentissent déjà des chants de victoire. Nous voilà donc de nou-

veau condamnés à entendre chaque jour répéter les triomphes mensongers de nos armées.
N'en doutons pas , nous sommes destinés ,
comme en 1814 , à voir les Alliés s'avancer
de défaites en défaites jusque sous les murs de
la capitale. Il n'est personne qui ne connaisse
le talent de Buonaparte , à rédiger un bulletin
imposteur : c'est, après la science de répandre
le sang, l'art où il a fait le plus de progrès. Aussi
les Allemands lui ont - ils donné le nom de
Corporal Lugner , Caporal menteur. Ce serait
une histoire assez intéressante que l'histoire
des mensonges imprimés de Buonaparte. Si l'on
voulait prendre la peine de calculer le nombre
de soldats qu'il a fait périr sur les champs de
bataille , je suis persuadé qu'en recueillant nos
bulletins le nombre ne s'en élèverait point au-
delà de deux cent mille. Et plus de cinq millions de français ont été victimes de son ambition !... J'ai compté les pertes que Buonaparte
a avouées dans les campagnes si désastreuses
de 1813 et de 1814, et j'ai trouvé que la
France n'avait à pleurer que cinquante mille
défenseurs ; tandis que l'Europe entière , les
preuves à la main , l'accuse d'avoir abandonné
à la mort, sur les glaces de la Berezina ou dans
les flots de la Saale ; plus de deux cent mille
de nos frères !!! L'expérience aurait dû corriger

Napoléon : qui le croirait ? encore aujourd'hui il publie avec son audace accoutumée des bulletins que démentent à la fois et les rapports particuliers et les correspondances domestiques.... Mais le voile impénétrable, qui nous cachait la vérité, vient enfin d'être déchiré par Buonaparte ; c'était à lui qu'était réservée la honte d'humilier la France, et de faire triompher l'Angleterre. Les plaines de Fleurus, deux fois témoins de nos victoires, viennent de l'être de notre défaite. Il est vrai qu'en 1622 et en 1790, nos drapeaux étaient ceux de l'honneur et de la fidélité ; le panache d'Henri IV ralliait alors l'officier et le soldat ! nos princes mouraient alors sur le champ de bataille ! mais nos princes étaient Français, et Buonaparte ne l'est pas. Ainsi qu'à Leipsick, à Moscou, il a fui lâchement, abandonnant ses soldats à la rage du vainqueur. Il rentre à Paris, abdique et se promène en calèche !... A Rome jadis, il eut été exilé ; Carthage l'eût fait plonger dans des tonneaux garnis de fer ; en Angleterre il eût été décapité ; en France la honte et la pitié sont les seuls châtimens... Le voilà, ce héros qui hier encore rêvait des conquêtes, et s'écriait que le moment était arrivé, pour tout Français, de vaincre ou de mourir ! Il n'a su ni vaincre ni mourir. Il semble que la Providence, pour confondre les admirateurs de Buonaparte, ait voulu lui ravir jusqu'au titre de Grand qu'il avait usurpé. Wellington, à Walerloo, a jugé Buonaparte, et lui a assigné la place qu'il méritait. L'inexorable histoire l'a déjà jugé depuis long-temps ; elle dira bientôt cette campagne si courte et si désastreuse, elle dira qu'en cent jours Buonaparte a dépensé six cents millions, sacrifié 150 mille Français, allumé la guerre civile du nord au midi, de l'orient à l'occident de la France, et amené l'Europe entière dans notre patrie.

Enfin, après trois mois de convulsions et de tourmentes révolutionnaires, il nous est permis de respirer : période cruel, où la servitude la plus illimitée a pesé sur nos têtes, où d'odieuses inquisitions nous enlevoient jusqu'au commerce de la pensée et de la conversation, où, peu contens de nous arracher le droit de nous plaindre, nos tyrans auroient voulu nous con-damner à sacrifier encore le souvenir de nos maux, si l'oubli eût dépendu de nous comme le silence. Ah ! périsse à jamais la mémoire de ces jours affreux, où l'honneur et l'inviolabilité des sermens ont été foulés aux pieds, où les mots ont tout-à-coup, comme par enchantement, changé de valeur et d'acception, où la fidélité à son prince était taxé de trahison, où la noble

ardeur d'un sujet qui vole aux armes pour défendre son Dieu et son Roi était nommée révolte
et brigandage ! Alors ne pouvait être impuné-
ment qui voulait probe et loyal ; c'était un
crime qu'on punissait de plusieurs mois de
prison. Malheur à vous si votre réputation était
sans tache ; si vous passiez pour homme de
bien , vous étiez bientôt signalé comme cons-
pirateur. Malheur à vous si votre front rougis-
sait , si l'indignation ou la joie se peignait sur
votre visage : on vous accusait de rire des maux
de la patrie, ou de vous affliger de ses triomphes
futurs. Alors la dépravation des mœurs , la
corruption des principes , l'absence de toute
vertu servaient de caution à quiconque voulait
parvenir aux dignités. Pour peu que vous eussiez
dénoncé , figuré sur le théâtre de 93 , porté le
bonnet rouge , voté la mort du Roi , ou , à
défaut de ces titres précieux, affiché la débauche,
ruiné des familles par quelques banqueroutes
frauduleuses , vous étiez l'homme du gouvernement , le citoyen vraiment patriote. Des péti-
tions adressées à Napoléon portaient au haut :
*Le sieur un tel , acquéreur de biens natio-
naux, etc.* D'autres étaient ainsi terminées : Le
sieur un tel a l'honneur de faire observer qu'il
a été jadis un des premiers à proclamer les
droits de l'homme et *à voter la mort du Roi.*

Ces titres valaient mieux que les plus puissantes recommandations. La requête était sur-le-champ appointée. Que de gens se sont vus tout-à-coup élevés aux honneurs, combien ont été appelés à plaider les intérêts du peuple, qui n'offraient au gouvernement d'autres gages que des crimes, à la société d'autre sûreté qu'un nom flétri depuis long-temps dans l'opinion publique ?

Sans doute on se hâtera bientôt de signaler à la haine de la génération présente, à l'exécration des générations futures cette tourbe de factieux et de pervers qui, pendant trois mois, ont épuisé envers nous l'outrage et la persécution. Dans quelques provinces au-delà du Gange, le nom du juge qui a prévariqué est attaché à un poteau exposé à l'insulte des passans : c'est le supplice qu'on devrait infliger aux T.**, aux R.***, aux M.**, et à cette meute de *commissaires ordinaires et extraordinaires* que Buonaparte avait lâchés dans chacun de nos départemens. L'inexorable histoire les attend, elle dira leurs crimes, les déprédations, les vols, les rapines dont ils se sont rendus coupables. Elle les peindra parcourant les provinces, arrachant à leurs occupations des citoyens paisibles, chargeant de chaînes, jetant dans les cachots des hommes vertueux qu'environnaient l'estime et la confiance publique, tourmentant par système, persécutant par besoin, tyrannisant par plaisir, semant par-tout la désolation et l'épouvante, le deuil et les larmes. Elle dira aussi, l'histoire, ces orgies fédérales, où l'honneur, la bonne foi, la vertu étaient scandaleusement bafouées, où l'impudeur de la pensée le disputait à l'effronterie du langage, où, sous le nom d'idées libérales, on enseignait des principes anti-sociaux, des maximes séditieuses. C'est-là qu'en proclamant la souveraineté du peuple, on traitait publiquement les Rois de bêtes féroces; c'est de là que sont partis ces cris barbares que le peuple répétait bientôt après : *A l'écha-faud les Bourbons, à la lanterne les Royalistes.* Elle dira également, l'histoire, les noms de ces démagogues fougueux qui , tour-à-tour, ont brillé sur les trétaux de ce théâtre d'infamie. Des hommes protecteurs nés de la veuve et de l'orphelin y ont figuré comme prédicateurs de la licence et de l'anarchie. On les a vus, dans des motions incendiaires proposer de s'emparer des vases sacrés, des trésors des églises, d'en chasser ignominieusement les ministres ; on les a vus demander à grands cris le renouvelle-ment de cette fameuse loi des suspects , chef-d'œuvre du code révolutionnaire; on les a vus déclarer ouvertement que pour sauver la patrie, il fallait faire main-basse sur tous les individus

accusés de royalisme. C'est au milieu de cette
arène de ligeurs , qu'un orateur vomi par la
Provence a osé s'écrier : « Si l'ennemi envahit la
» France, qu'il ne rencontre sur son passage que
» des maisons incendiées , et les débris de nos
» villes en cendre ! » Et de nombreux applaudis-
» semens ont accueilli ce souhait infernal !....

. Non., jamais l'histoire ne racontera les horreurs sans nombre dont nous avons été témoins
pendant trois mois entiers. L'ordre social bou-
leversé dans ses fondemens , les idées du juste
et de l'injuste confondues ensemble , des sup-
positions transformées en principes , la réalité
détruite par l'apparence , l'expérience immolée
à la possibilité , des témoignages éclatans con-
fondus par des calomnies obscures , le langage
de la haine substitué, par des dénonciateurs infidèles, au langage de la loi : voilà les abus que
nos yeux ont été appelés à voir se renouveler
chaque jour. Qui pourra raconter cette persécution savante, imaginée par nos tyrans? tantôt
on feint habilement des terreurs imaginaires ,
tantôt on crée des stratagêmes qu'on n'ose publiquement avouer , on déguise l'adresse et
l'astuce sous le masque de la candeur et de la
franchise , on flatte l'espérance , on amuse la
bonne foi, puis tout-à-coup nos inquisiteurs
politiques cessent de dissimuler : les prisons

et les cachots sont à l'ordre du jour. Des citoyens paisibles qui reposaient à l'ombre des lois sont traînés à travers les cris féroces d'une multitude fanatique , non point aux pieds des tribunaux, on ne veut pas les juger, mais aux pieds de nos *commissaires* , qui se contentent de prendre le signalement de ces coupables d'un genre nouveau , sans daigner les interroger. En vain, au milieu de leurs fers , espèrent-ils que la voix de leurs amis , jointe au témoignage de leurs concitoyens, abrège leur captivité : ils gissent encore dans les cachots, sentant croître à chaque moment leurs agitations à l'aspect d'un orage qui grossit de jour en jour, attendant avec impatience ou que le soleil dissipe les nuages, ou que la foudre éclate sur leurs têtes. Quels jours , grand Dieu ! que ceux où nous avons vu l'asyle du silence et de la retraite inondé des suppôts de la tyrannie, cherchant le crime où n'habite que la vertu ! Montesquieu , dans son livre immortel , *De la grandeur et de la décadence des Romains ,* a peint avec une effrayante vérité le règne de Tibère : Montesquieu semble avoir deviné les derniers momens de Bonaparte.

« Ce n'étoient pas seulement les actions qui » tombaient dans le cas de la loi , mais des » paroles , des signes et des pensées mêmes ;

» car ce qui se dit dans les épanchemens de
» cœur que la conversation produit entre deux
» amis, ne peut être regardé que comme des
» pensées. Il n'y eut donc plus de liberté dans
» les festins, de confiance dans les parentés,
» de fidélité dans les esclaves. La dissimulation
» et la tristesse du Prince se communiquant par-
» tout, l'amitié fut regardée comme un écueil,
» l'ingénuité comme une imprudence, la vertu
» comme une affectation qui pouvait rappeler
» dans l'esprit des peuples le bonheur des temps
» précédens. Il n'y a point de plus cruelle
» tyrannie que celle que l'on exerce à l'ombre
» des lois et avec les couleurs de la justice,
» lorsqu'on va, pour ainsi dire, noyer des
» malheureux sur la planche même sur laquelle
» ils s'étoient sauvés. Et comme il n'est jamais
» arrivé qu'un tyran ait manqué d'instrumens
» de sa tyrannie, Tibère trouva toujours des
» juges prêts à condamner autant de gens qu'il
» pût en soupçonner. »

Mais détournons nos regards attristés du
tableau de nos douleurs et de nos misères.
Grâces au Ciel, nos maux sont terminés. Louis,
arraché par la trahison des bras de ses enfans,
vient d'être rendu à leur amour et aux vœux
de la France entière ! Paris a vu en ce jour
rentrer dans ses murs, au milieu des cantiques

de la jubilation, des hymnes de la reconnois-
sance, des chants du bonheur, des refreins
de l'ivresse, ce Monarque auguste que l'Europe
a salué du nom de Sage, et que nos cœurs ont
salué du doux nom de Désiré. Ah ! sans doute
lui seul pouvait, par ses vertus, désarmer la
colère céleste, éteindre les guerres civiles qui
déchiraient notre belle patrie, nous réconcilier avec les nations étrangères, arrêter leur
vengeance, et sauver une foule de guerriers
dignes de mourir un jour pour une plus belle
cause. Assez de sang a coulé, l'humanité res-
pire. La religion, l'honneur, la vertu, ont
triomphé. Courbés sous le joug de la tyrannie,
nous échappons à cette servitude qui, pendant
plus de cent jours, enchaîna à-la-fois et nos
langues et nos cœurs : nous renaissons à la
liberté, non pas à cette liberté qu'on voulait
nous forcer de chanter les fers aux pieds et
aux mains, le pistolet sous la gorge, mais à
cette liberté dont le règne de Louis XVIII nous
donna l'idée, et que ce Monarque nous promet
encore. Désormais nos yeux ne seront plus fati-
gués du spectacle de ces farces scandaleuses qui,
chaque jour, insultaient au bon sens et à la raison. On ne verra plus promener par les rues le
buste de l'assassin de d'Enghein, de Toussaint
Louverture, de Pichegru, et inviter, le sabre

en main à humilier sa tête devant celui que la
soif des carnages fit traverser les mers. On ne
verra plus porter en triomphe un drapeau où
se lisaient gravés ces mots barbares: *Vive Napoléon, à mort les Bourbons!* L'étendard tricolore
n'a jamais valu le drapeau blanc. La cocarde des
Marat, des Robespierre, n'était pas celle des
Duguesclin, des Bayard, et de cette foule de
preux Chevaliers qui mouraient pour Dieu,
leur Roi et leurs dames. Le panache d'Henry IV
est le seul qui soit sans tache. Tous, tant que
nous sommes, rallions-nous donc autour de ce
signe sacré de l'honneur et du devoir. Guerriers,
souvenez-vous que les Turenne, les Condé,
les Villars marchaient au combat et triom-
phaient avec les couleurs blanches : vous-mêmes
les portiez, il y a quelques mois, vos fronts
n'en rougissaient pas, et sans l'insigne perfidie
d'un Labedoyère vous n'eussiez jamais cessé de
les porter. Louis vous a pardonnés, il sait que
vous fûtes égarés plutôt que coupables. La gloire
a pu vous séduire, elle ne séduit que les héros;
mais l'expérience a dû vous détromper. Tous,
tant que nous sommes, Français de tout âge,
de toute condition, oublions le passé : le pré-
sent seul est à nous; souvenons-nous que nous
sommes tous frères, sujets du même Prince,
que nous servons le même Dieu. Et qui de nous

songerait à se venger quand Louis XVIII pardonne? Français, n'en doutez pas, vos dissentions affligeraient l'ame du Monarque, nécessiteraient peut-être la présence d'armées étrangères. Voulez-vous qu'elles ne se mêlent point de nos affaires, que votre seul cri soit celui de VIVE LE ROI, LA PATRIE, L'HONNEUR! Et la France est sauvée!

FIN.